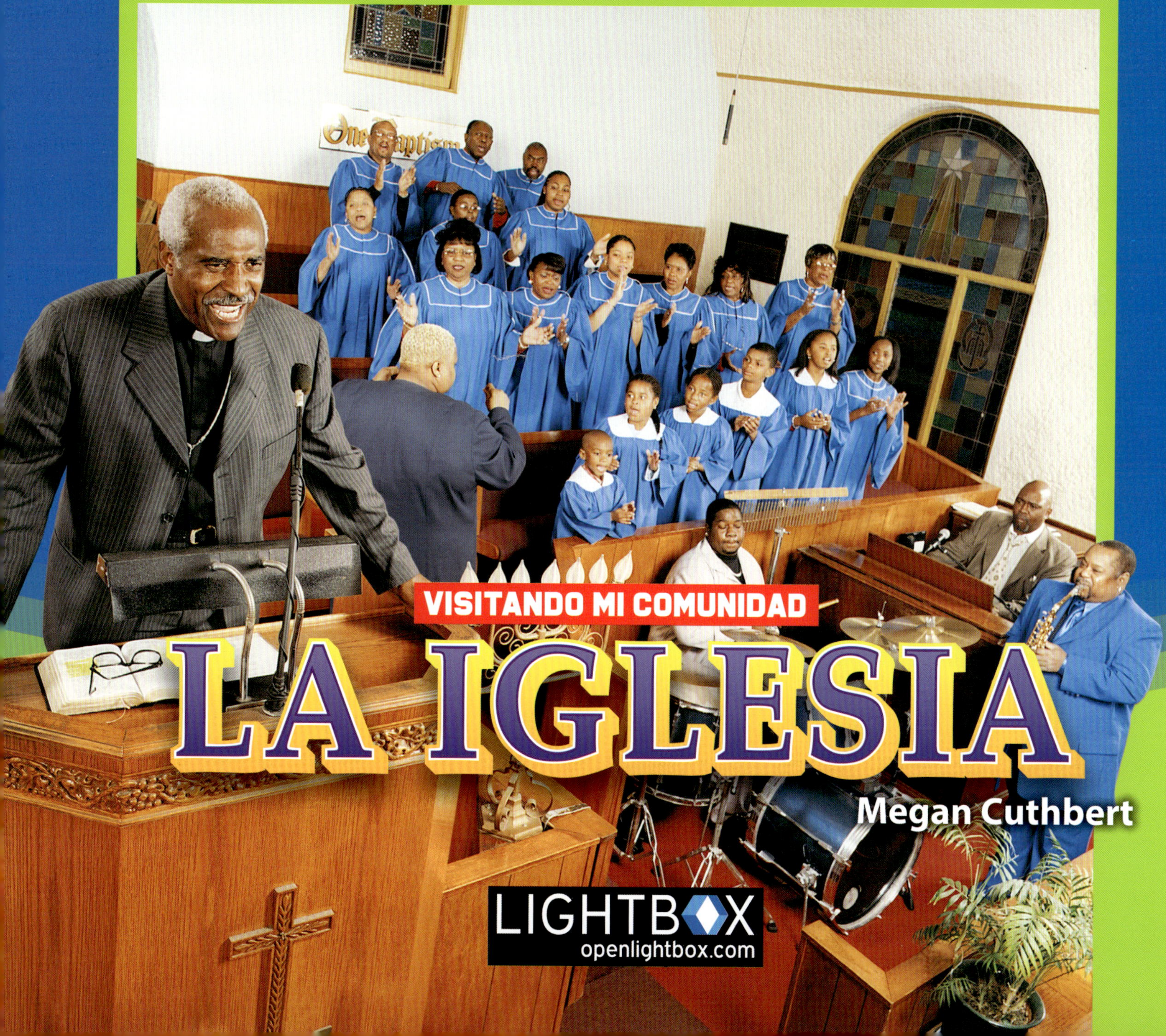

VISITANDO MI COMUNIDAD

LA IGLESIA

Megan Cuthbert

LIGHTBOX
openlightbox.com

LIGHTBOX

Entre a
www.openlightbox.com
e ingrese el código único
de este libro.

CÓDIGO DE ACCESO

LBXR8497

Lightbox es una completa solucióndigital para enseñar y aprender temas curriculares de una manera original e innovadora. Lightbox se basa en las Normas Curriculares Nacionales.

OPTIMIZADO PARA

- ✔ TABLETAS
- ✔ PIZARRAS ELECTRÓNICAS
- ✔ COMPUTADORAS
- ✔ ¡Y MUCHO MÁS!

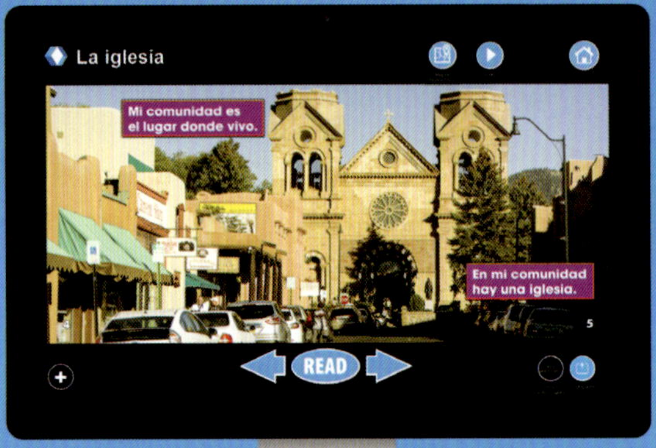

CARACTERÍSTICAS ESTÁNDAR DE LIGHTBOX

- **AUDIO** Narraciones de alta calidad con sistema de texto a voz
- **VIDEOS** Videoclips de alta definición incorporados
- **ACTIVIDADES** PDFs imprimibles que pueden enviarse por correo electrónico y calificarse
- **ENLACES WEB** Enlaces cuidadosamente seleccionados con recursos seguros para niños
- **PRESENTACIÓN EN DIAPOSITIVAS** Ilustraciones gráficas de los conceptos clave
- **MAPAS INTERACTIVOS** Mapas interactivos e imágenes satelitales aéreas
- **CUESTIONARIOS** Diez preguntas de elección multiple con puntaje automático que se envían por correo electrónico al docente para su evaluación
- **PALABRAS CLAVE** Combinación de los conceptos clave con sus definiciones

RECURSOS SUPLEMENTARIOS

- **COMPARTE** Comparte títulos dentro de tu Sistema de Gestión de Aprendizaje (LMS) o Sistema de Circulación de Bibliotecas
- **CURRÍCULO** Encuentre correlaciones curriculares Nacionales y Estatales.
- **CITAS** Crea referencias bibliográficas siguiendo los estilos de APA, CMOS y MLA

VIDEOS

ENLACES WEB

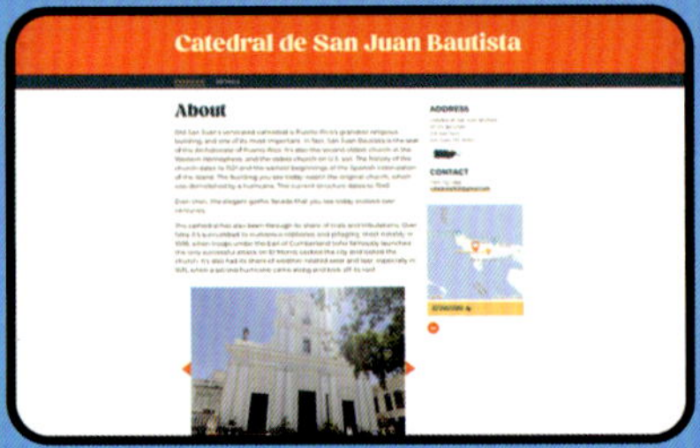

PRESENTACIÓN EN DIAPOSITIVAS

CUESTIONARIOS

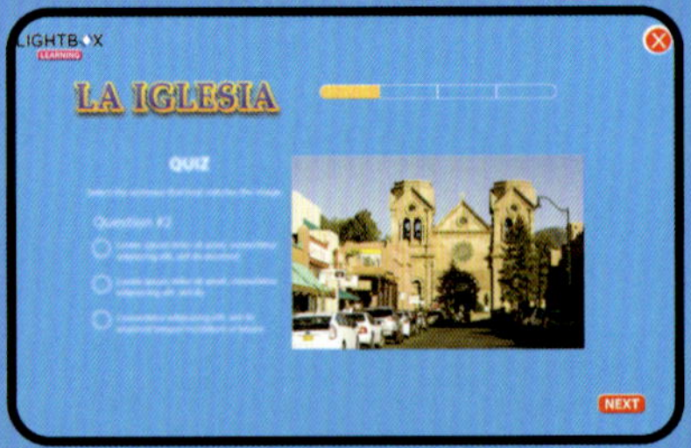

Este título está incluido en nuestra suscripción digital de Lightbox

Suscripción en español de K–5 por 1 año
ISBN 978-1-5105-5935-6

Accede a cientos de títulos de Lightbox con nuestra suscripción digital.
Regístrate para una prueba **GRATUITA** en **www.openlightbox.com/trial**

Se garantiza que los componentes digitales de este libro estarán activos por al menos cinco años desde la fecha de publicación.

VISITANDO MI COMUNIDAD

LA IGLESIA

Contenidos

Mi comunidad es el lugar donde vivo.

En mi comunidad hay una iglesia.

Algunas personas de mi comunidad se reúnen en la iglesia.

Y rezan durante los servicios religiosos.

La iglesia más antigua de los Estados Unidos se construyó hace unos **500 años** en Puerto Rico.

Voy a la escuela dominical durante el servicio religioso.

La escuela dominical es en otra sala de la iglesia.

En la escuela dominical, aprendo sobre la Biblia.

Me enseña a ser una buena persona.

Se imprimen más de **100 millones** de Biblias por año.

En la escuela dominical, aprendo canciones.

A veces cantamos para la gente que viene a la iglesia.

Mi iglesia ayuda a la gente de la comunidad.

Organiza eventos para toda la gente de mi comunidad.

La iglesia hace colectas de alimentos y ropa.

Y se los da a quienes los necesitan.

Casi **la mitad** de las iglesias de EE.UU. tienen programas que dan alimentos a las personas necesitadas.

Muchas veces, voy con mi familia a servicios religiosos especiales.

Celebramos la Navidad y las Pascuas.

La Navidad se celebra todos los años el **25 de diciembre**.

Algunos servicios religiosos se realizan en el parque.

Así, pueden asistir más personas a los servicios religiosos.

¿Qué has aprendido sobre las iglesias?

¿En qué fotos se puede ver una iglesia?

Published by Lightbox Learning Inc.
276 5th Avenue, Suite 704 #917
New York, NY 10001
Website: www.openlightbox.com

Library of Congress Control Number: 2024947245

ISBN 978-1-5105-8564-5 (hardcover)
ISBN 978-1-5105-8565-2 (static multi-user eBook)
ISBN 978-1-5105-8567-6 (interactive multi-user eBook)

102024
112024

Printed in Guangzhou, China
1 2 3 4 5 6 7 8 9 0 29 28 27 26 25

Designer: Ana María Vidal
English Project Coordinator: John Willis
Spanish Project Coordinator: Sara Cucini
English/Spanish Translation: Translation Services USA

The publisher acknowledges Alamy, Getty Images, and Shutterstock as its primary image suppliers for this title.